Alfred Baur

DAS FINGERTHEATER

ALFRED BAUR

DAS FINGERTHEATER

Spiele für Kinder
von 3–9 Jahren,
um die Finger geschickt
und die Sprache gewandt zu machen.

Weisen: Erwin Schaller
Umschlagbild: Ilse Baur

NOVALIS VERLAG

© 1980 Novalis Verlag AG Schaffhausen
2. Auflage
Alle Rechte vorbehalten, insbesondere auch das Recht
des photomechanischen Nachdruckes jeder Art
und jede Vervielfältigung der Notensätze
Printed in Switzerland by Meier + Cie AG Schaffhausen
Offset Buchdruck
ISBN 3 7214 5003.5

INHALT

Liebe Eltern!
Liebe Großeltern!
Liebe Erzieher!

Braucht nicht auch Ihr Kind geschickte Finger und eine schöne Sprache?
Dann hereinspaziert ins Fingertheater!
Die Schauspieler sind angewachsen an den Händen. Wenn Sie ein übriges tun wollen, dann basteln Sie Ihrem Kind sechs Püppchen, fünf für die rechte Hand und ein weiteres für die linke. Der Regisseur ist das Kind selbst, das die Aufgabe hat, seine kleinen Künstler recht beweglich zu machen, sie nicht steif und starr herumstehen zu lassen. Sie sollen sich verbeugen und hin und her bewegen.
Warum soll ein Kind mit den Fingern spielen?
Die Wissenschaft hat vor mehr als hundert Jahren den Zusammenhang zwischen Feinmotorik der rechten Hand und der linken, dritten Schläfenwindung im Gehirn – dem Zentrum der Sprachmotorik – entdeckt. Wird also die Hand geschickt gemacht, dann dürfen wir eine Rückwirkung auf die Sprache erwarten. Schon sehr früh, mit drei bis vier Jahren, kann man mit Fingerspielen beginnen. Sie sind eine namhafte Hilfe, nicht nur unmittelbar das Sprechen zu üben, sondern man wirkt auf dem Umweg über das Nervensystem und festigt die Fundamente der Sprache im Gehirn. Auf diese Weise schlüpft die Sprache in den kindlichen Leib. Das Sprachzentrum braucht den Bewegungsreiz, um heranzureifen. Lassen wir vorher durch Fingerspiele die Hände sprechen, dann bahnen wir das eigentliche Sprechen an.
Falsch wäre es, Kinder zu drillen, die Stücke auswendig zu lernen. Das würde vor dem Schulalter eine unzumutbare Belastung bedeuten. Fingerpuppen sind für die Spiele nicht unbedingt erforderlich, werden sie aber doch sehr beleben.
Wie macht man Fingerpuppen?
Entweder man strickt oder schneidert sie. Keinesfalls ist es schwer.
Wie man sie stricken kann:
Dazu braucht man verschiedenfarbige Wollreste, Schafwolle zum Stopfen der Köpfe (Watte eignet sich schlecht, weil sie beim Waschen klumpt) und 4 Nadeln zum Rundstricken.

1. Je nach Dicke der Wolle und Größe des Fingers werden 9–15 Maschen, auf 3 Nadeln verteilt, angeschlagen. Bis zur gewünschten Körperhöhe des Püppchens wird nun 1 Masche rechts, 1 Masche links rundgestrickt.

2. Den Kopf mit heller Wolle glatt rechts etwa 10–12 Runden anstricken. In den letzten Runden werden immer 2 Maschen rechts zusammengestrickt und die verbliebenen Maschen mit dem Fadenende vernäht.

3. Der Kopf wird mit Schafwolle fest gestopft, der Hals mit einem durchgezogenen Wollfaden geformt.

4. Haare werden nach Wunsch aufgestickt, eingeknüpft oder angenäht.

5. Das Gesicht stickt man mit Nähseide oder dünner Wolle darauf.

6. Zuletzt kann man mit Umhang oder Kleidchen das Püppchen noch individuell gestalten.

Wie man sie schneidern kann:

Man braucht dazu einige schmiegsame Stoffrestchen, Flachs, Woll- oder Pelzreste für die Haare, Styroporkugeln oder Schafwolle für die Füllung der Köpfe.

1. Stülpen Sie ein helles Stoffrestchen (etwa 14 × 14 cm) über eine Schafwoll- oder Styroporkugel und binden Sie diese mit einem Faden ab. Schieben Sie die Falten von einer Kugelhälfte möglichst weg; dort kommt später das Gesicht hin.

2. Schneiden Sie den Stoff unten auf Fingerlänge ab.

3. Heften Sie am oberen Teil – etwa bei der Brust des Püppchens – einen Gummiring oder einen Einziehgummi an, und zwar so, daß das Püppchen gut auf dem Finger hält. Achten Sie auf die verschiedenen Weiten für den kleinen Finger und für den Daumen.

4. Kleben Sie auf das Köpfchen Flachs oder ein Stückchen Pelz. Sie können auch Wollhaare annähen.

5. Malen Sie Augen, zwei Nasenlöcher und Mund auf, aber achten Sie, daß die Augen nicht zu hoch geraten und der Mund nicht zu tief.

6. Ziehen Sie dem Püppchen ein farbiges Obergewand an, jedem Püppchen möglichst ein anderes.

Wie sollen die Puppen zuletzt aussehen?

Wenn Sie mit 6 Püppchen auskommen wollen, dann dürfen Sie beim Gestalten nicht zu sehr ins Spezielle gehen. Sie sollen Buben oder Mädel sein können, kurz, für jede Rolle taugen. Freilich kann man den Jäger mit grünem Mantel und Flinte ausstatten oder den Engel mit Flügeln versehen. Dann muß man sich jedoch die Mühe machen, eine große Anzahl von Darstellern zu erzeugen.

Wie werden die Puppen verwendet?

Der Verfasser läßt die Stücke zunächst von mehreren Kindern im verteilten Rollenspiel darstellen. Später erst kommen die Puppen an die Reihe. Ein einziges Kind zeigt mit seinen Fingern das Spiel, wobei die anderen zusehen.

Wenn ein Kind sich selbst die Puppen ansteckt, kommt es leicht vor, daß sie unvermerkt auf die linke Hand geraten. Das sollte vermieden werden. Man wird gerade mit den Püppchen ein Hilfsmittel haben, um schon im frühen Alter das Kind an die Bevorzugung der rechten Hand zu gewöhnen. Neigt ein Kind zur Linksseitigkeit, so ist die Umerziehung auf die rechte Hand im Schulalter oft schon zu spät. Da können die Puppen auch in dieser Hinsicht helfende Geister sein.

Und wozu sind denn gar die Zehengeschichten?

Sie haben selbst eine Geschichte.

Das Töchterchen meiner Freunde, ein phantasievolles Kind, hatte immer kalte Füße. Es schwebte mit seinen acht Jahren, wie man so sagt, in der Luft und träumte sich seine eigene Welt. Da mußte man seine Träume auf den Leib hin lenken, und zwar auf die Zehen. So bekam das Kind allmählich doch mehr Bewußtsein von seinem Leib und damit warme Füße.

Die Vertonung einiger Reime besorgte mein Freund Prof. Erwin Schaller; das Titelbild malte meine Frau; die Strickpuppe beschrieb Frl. Elisabeth Morgenegg. Ihnen allen sei an dieser Stelle herzlichst gedankt.

Es hat sich herausgestellt, daß dieses Buch einem echten Bedarf entsprach. Die Auflage war in relativ kurzer Zeit vergriffen, so daß nun nicht allein dieses Buch in 2. Auflage erscheinen kann, sondern auch noch ein weiteres mit dem Titel «Finger tanzen».

Alle diese Stücke sind nicht am Schreibtisch, sondern in meiner sprachtherapeutischen Tätigkeit mit Kindern entstanden. Sie wurden unzählige Male aufgeführt und werden hier einem noch größeren Publikum vorgestellt.

Und nun kann sich der Vorhang zum fröhlichen Spiel öffnen!

Viel Vergnügen wünscht   Dr. Alfred Baur

Rühre, rühre rund

Der kleine Finger:	Ich habe Hunger, Hunger, Hunger.
Die Mutter *(Daumen)* :	Sei nicht so ungeduldig. Gleich gibt's was zu essen. Ich koche süßen Brei.
	(Die linke Hand bildet den Topf, und der Daumen dreht sich.)
	Rühre, rühre rund,
	der Brei, der ist gesund,
	gesund für Mund und Magen.
	Wir können ihn vertragen.
	Rühre, rühre rund.
	Der Brei, der ist gesund.
Der Zeigefinger:	Ist der Brei schon fertig?
Die Mutter:	Nein, mein Kind, gib acht, verbrenn dir nicht die Nase.
	Rühre, rühre rund, usw.
	(So mit jedem Finger bis zum kleinen.)
Kleiner:	Ist der Brei schon fertig?
Die Mutter:	Nein, gib acht!
Alle:	Plumps. Jetzt ist er hineingefallen.
Kleiner:	Au!
Alle:	Wir ziehen dich heraus und schlecken dich ab.
Der Zeigefinger:	M – du bist süß!
Der Mittelfinger:	M – du bist süß!
Der Ringfinger:	M – du bist süß!
Die Mutter:	Du bist der Allerschlimmste
	und der Allersüßeste.

Rühre, rühre rund

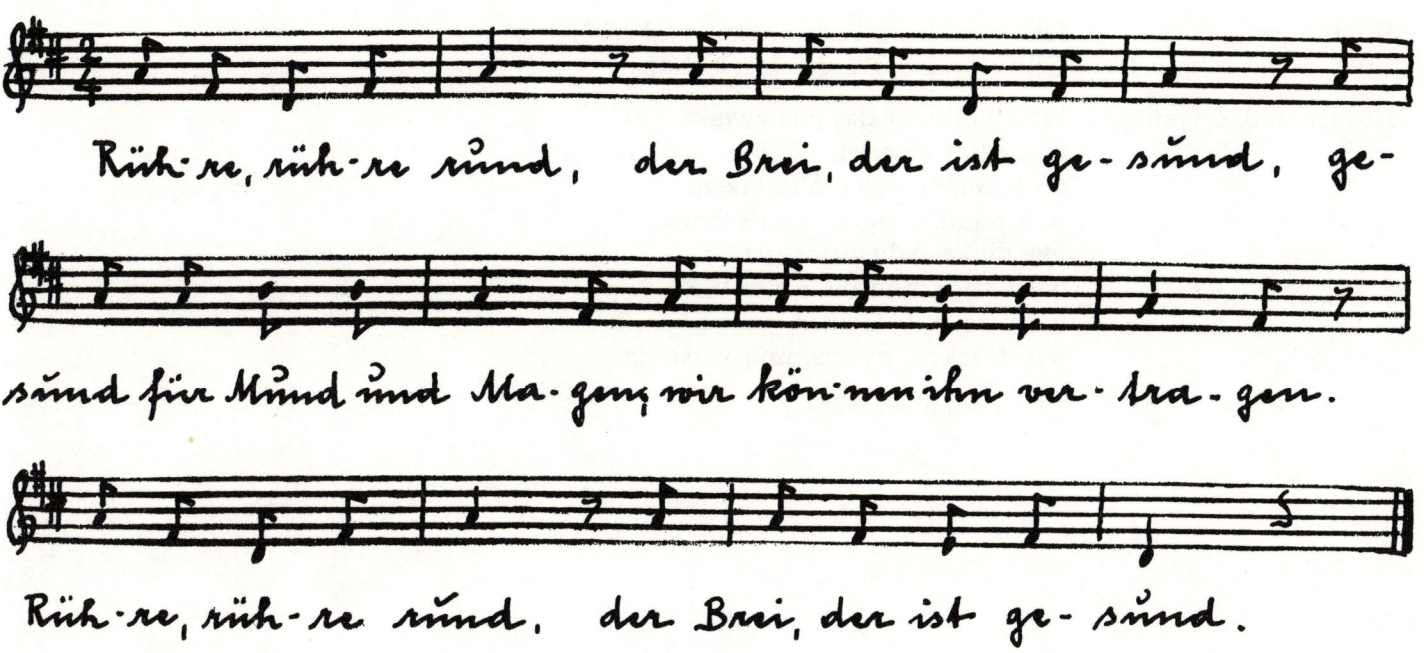

Rüh-re, rüh-re rund, der Brei, der ist ge-sund, ge-

sund für Mund und Ma-gen, wir kön-nen ihn ver-tra-gen.

Rüh-re, rüh-re rund, der Brei, der ist ge-sund.

Ich bleib' zu Haus, ich bin noch klein

Kleiner: Ich bleib' zu Haus, ich bin noch klein.

Ringfinger: Ich bleib' bei dir, mein Brüderlein.

Mittelfinger: Ich guck' beim Fenster raus und seh':
                                     Gibt's Sonne, Regen oder Schnee?

Daumen und Zeigefinger: Was kümmert das uns zwei?
                                     Uns ist es einerlei,
                                     ob Sommer- oder Winterzeit,
                                     ob's regnet, hagelt oder schneit.
                                     Die flinke Arbeit uns gefällt,
                                     wir wandern in die weite Welt.
                                     Wir fassen, schreiben, schrauben, drehn,
                                     wir drücken, greifen und verstehn.

                                     (Deuten auf den Kopf.)

Geburtstag, Kinder, hab' ich heute

Die Mutter *(Daumen)* : Geburtstag, Kinder, hab' ich heute,
und jedes macht mir eine Freude.

Zeigefinger: Ich schlecke erst das Häferl aus
und schenk' dir dann den Blumenstrauß.

Mittelfinger: *(Hat den Fingerhut auf. Man besorgt sich einen großen Fingerhut, der über das Puppen-*
köpfchen geht.)

Ich kann mein Verslein gar nicht gut,
doch liegt der Zettel unterm Hut.

Ringfinger: Die Blumen sollen dir nicht fehlen,
ich muß sie erst beim Nachbarn stehlen.

Kleiner: Weil ich doch auch was geben muß,
geb' ich der Mutti einen Kuß.

Auf dem Finger sitzt ein Hut

Mutter *(Daumen)*: Ich hab' einen schönen Hut gekauft,
den kriegst du, Langer.

Kleiner: Warum krieg ich keinen Hut?

Zeigefinger: Und ich?

Ringfinger: Und ich?

Mutter: Weil der Lange bei der Arbeit vorne dran ist.

Kleiner: Ich will den Hut haben, dann sieht man gleich, daß ich der Gescheiteste bin.

Ringfinger: Ich will ihn haben, dann bin ich noch schöner.

Zeigefinger: Ich will ihn haben. Ich helfe dir doch auch immer.

Mutter: Nein, der Lange soll ihn haben. Er hilft mir beim Nähen. Da braucht er ihn, sonst sticht ihn die Nadel.

Auf dem Finger sitzt ein Hut.
So ein Finger hat es gut,
weil die Nadel ihm nichts tut.
Fingerhut, der ist gut.

Auf dem Finger sitzt ein Hut

Auf dem Fin-ger sitzt ein Hut, so ein Fin-ger hat es gut,

weil die Na-del ihm nichts tut. Fin-ger-hut, der ist gut.

Helle Glockenbuben

Beide Unterarme werden aneinander gelegt und auf den Tisch oder auf die Knie gestützt. Die Hände bilden das Turmdach. Auf die beiden Daumen setzt man Püppchen. Sie sind die Glocken.

Helle Glockenbuben
oben in den Stuben
läuten auf dem Turm.
Sturm, Sturm, Sturm!

Horch, es kracht der Himmel.
Bimmel, bammel, bimmel
und der Turm fällt um.
Tschin, tschin, bum!

Bei Tschin wird geklatscht, so daß die Puppen herunterfallen.

Helle Glockenbuben

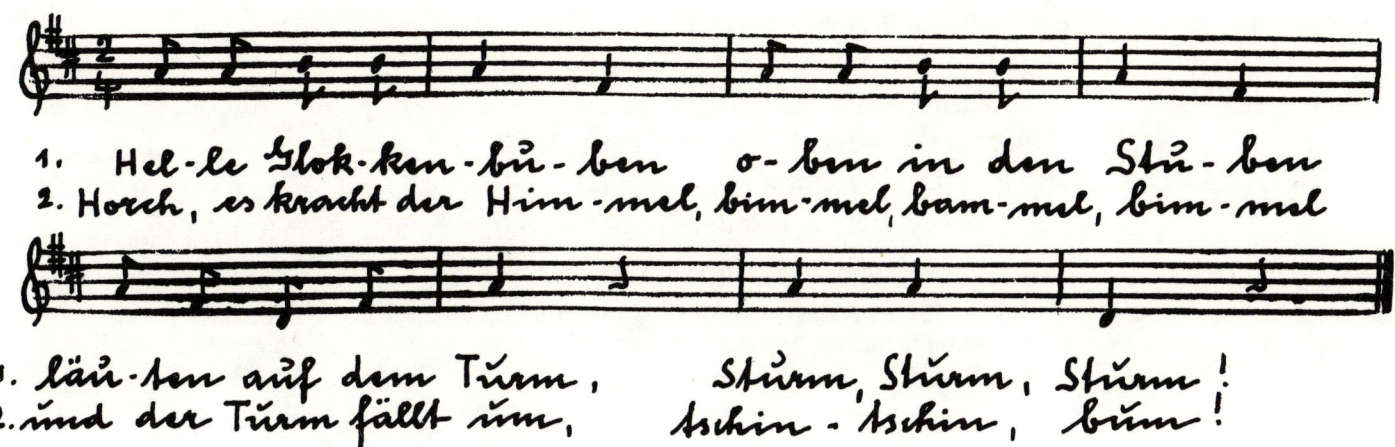

1. Hel-le Glok-ken-bu-ben o-ben in den Stu-ben
2. Horch, es kracht der Him-mel, bim-mel, bam-mel, bim-mel

1. läu-ten auf dem Turm, Sturm, Sturm, Sturm!
2. und der Turm fällt um, tschin-tschin, bum!

Der Amboß werde ich genannt

Daumen:

Der Amboß werde ich genannt.
Ich bin der stärkste Mann im Land.

Zeigefinger:

Ich bin der flinke Kupferschmied,
ich trage meinen Hammer mit.

Mittelfinger:

Ich bin der starke Eisenschmied,
ich trag' den schweren Hammer mit.

Ringfinger:

Ich bin der Gold- und Silberschmied,
ich trag' den feinen Hammer mit.

Kleiner Finger:

Ich bin der kleine Herzensschmied,
ich trag' den feinsten Hammer mit.
Die Herzen halten Schlag um Schlag
zusammen hundert Jahr und Tag.

Der Ambos werde ich genannt

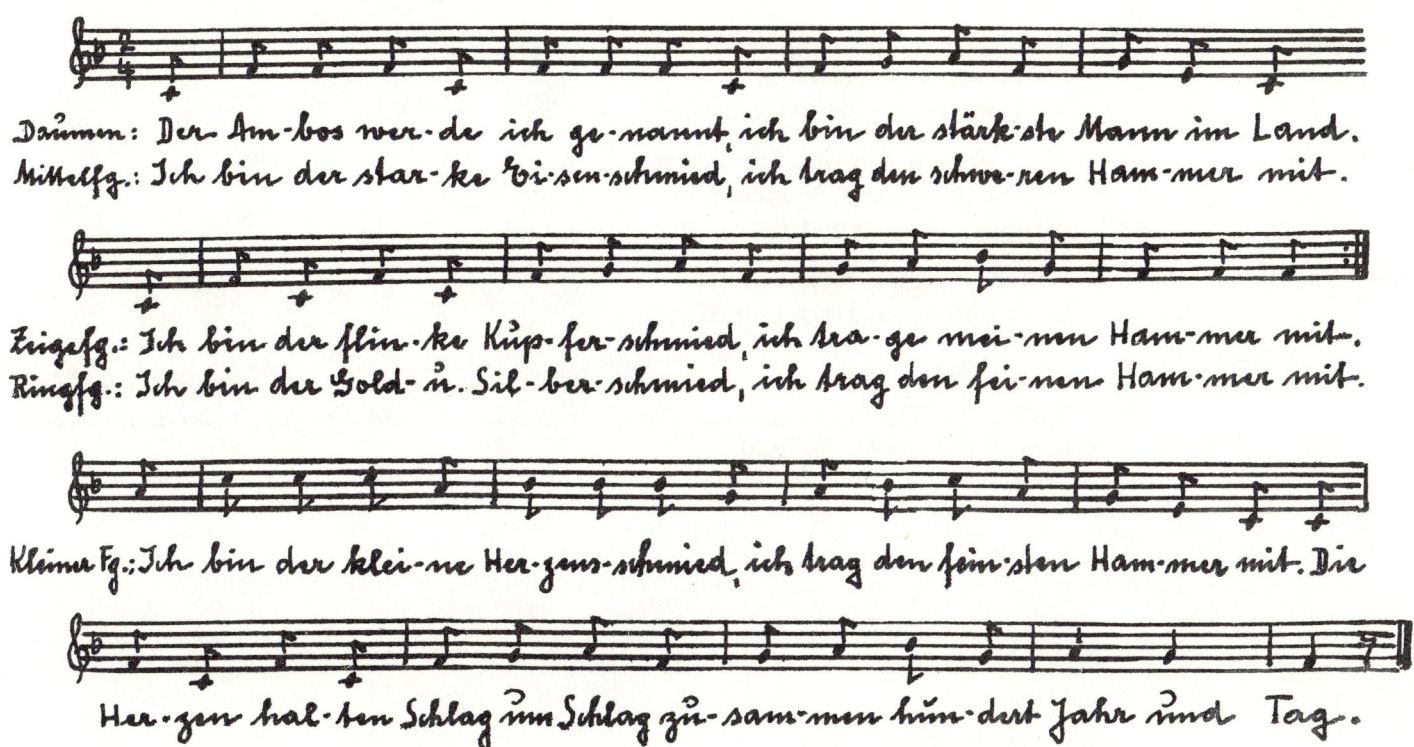

Däumen: Der Am-bos wer-de ich ge-nannt, ich bin der stärk-ste Mann im Land.

Mittelfg.: Ich bin der star-ke Ei-sen-schmied, ich trag den schwe-ren Ham-mer mit.

Zeigefg.: Ich bin der flin-ke Kup-fer-schmied, ich tra-ge mei-nen Ham-mer mit.

Ringfg.: Ich bin der Gold- u. Sil-ber-schmied, ich trag den fei-nen Ham-mer mit.

Kleiner Fg.: Ich bin der klei-ne Her-zens-schmied, ich trag den fein-sten Ham-mer mit. Die

Her-zen hal-ten Schlag um Schlag zu-sam-men hun-dert Jahr und Tag.

Guten Morgen, Herr Dick

Zeigefinger: Guten Morgen, Herr Dick!

Daumen: Guten Morgen, Herr Dünn!

Zeigefinger: Ja, das ist doch ein Glück,
Sie zu sehen, Herr Dick!
Und wo waren Sie gestern?

Daumen: Hab' getanzt mit den Schwestern,
und heut tanzen wir wieder.
Morgen singen wir Lieder.

Zeigefinger: Guten Morgen, Herr Dick!
Guten Morgen, Herr Dünn!

So trifft Herr Dick (Daumen) noch den Herrn Lang (den Mittelfinger), den Herrn Schön (den Ringfinger) und den Herrn Klein (den kleinen Finger), wobei immer wieder dasselbe Gespräch stattfindet.

Guten Morgen, Herr Dick!

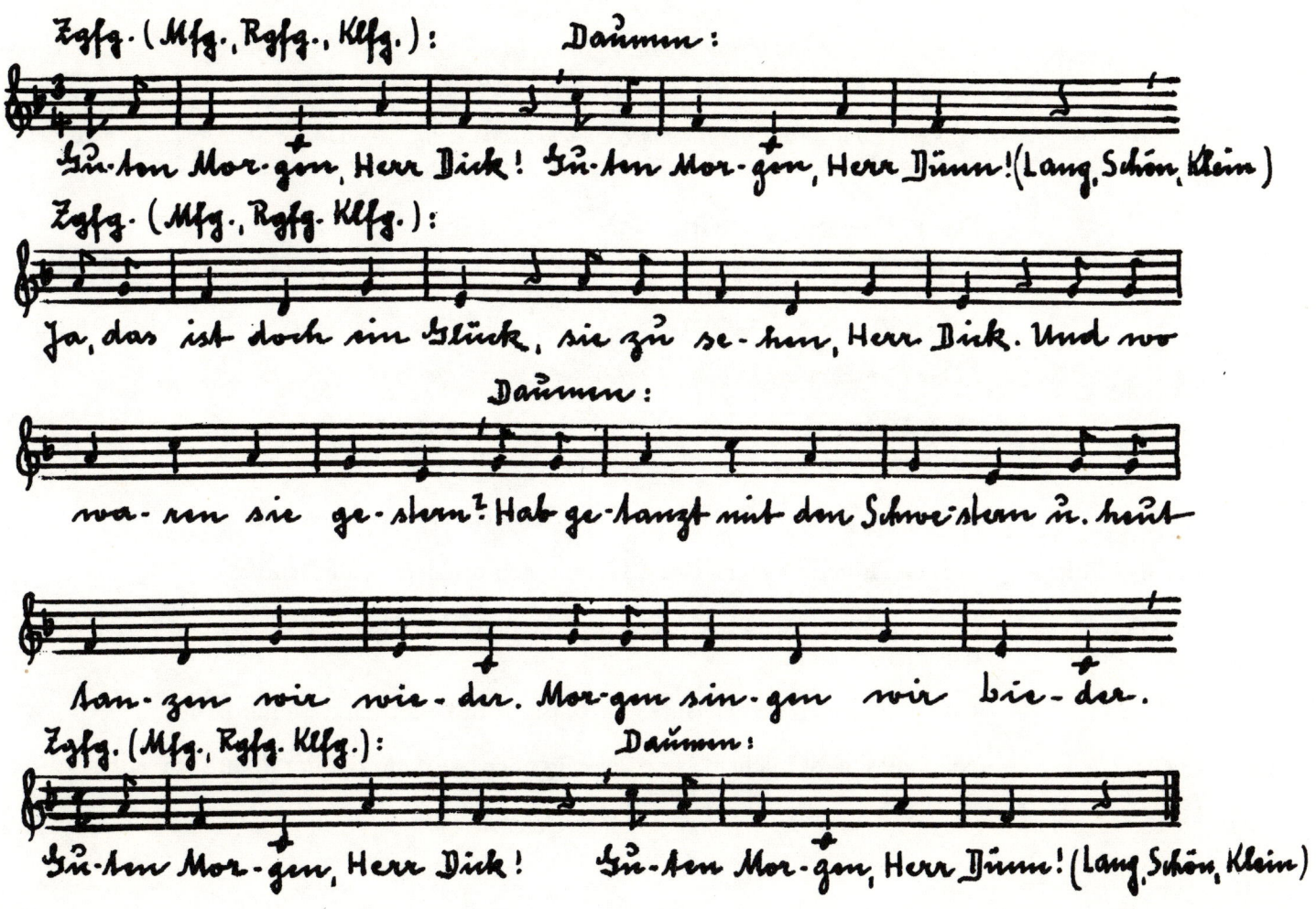

Zgsg. (Msg., Rgsg., Klfg.):   Daumen:

Gu-ten Mor-gen, Herr Dick! Gu-ten Mor-gen, Herr Dünn! (Lang, Schön, Klein)

Zgsg. (Msg., Rgsg. Klfg.):

Ja, das ist doch ein Glück, sie zu se-hen, Herr Dick. Und wo

Daumen:

wa-ren sie ge-stern? Hab ge-tanzt mit den Schwestern u. heut

tan-zen wir wie-der. Mor-gen sin-gen wir bie-der.

Zgsg. (Msg., Rgsg. Klfg.):   Daumen:

Gu-ten Mor-gen, Herr Dick!   Gu-ten Mor-gen, Herr Dünn! (Lang, Schön, Klein)

Der Fingerstrecker zieht

Der liebe Gott formt den Menschen aus Menschenteig.
Sein Engel, der Fingerstrecker, darf die Finger machen.

(Er sitzt auf dem Zeigefinger der linken Hand. Auf der Rechten sind vorläufig noch keine Puppen. Die linke Hand umfaßt zuerst den rechten Zeigefinger und zieht daran.)

Der Fingerstrecker zieht
an jedem Fingerglied.
Er zieht und ziehet fester.
Nun komm, du Zeigeschwester.

(Das Püppchen wird draufgesetzt.)

Zeigefinger:	Trallala! Ich bin schon da.

(Dasselbe für die Mittelschwester, die Ringschwester, die kleine Schwester.)

Die vier Finger rufen:	Lieber Fingerstrecker! Bitte, bitte, mach uns jetzt vier Brüder.
Fingerstrecker:	Nein, das geht nicht! Ich habe fast keinen Menschenteig mehr. Die Brüder würden viel zu klein.
Die Viere:	Lieber Fingerstrecker! Bitte, bitte, mach uns vier ganz kleine Brüder.
Fingerstrecker:	Nein, das geht nicht! Aber *einen* großen starken Bruder kann ich euch schon machen.

Der Fingerstrecker zieht

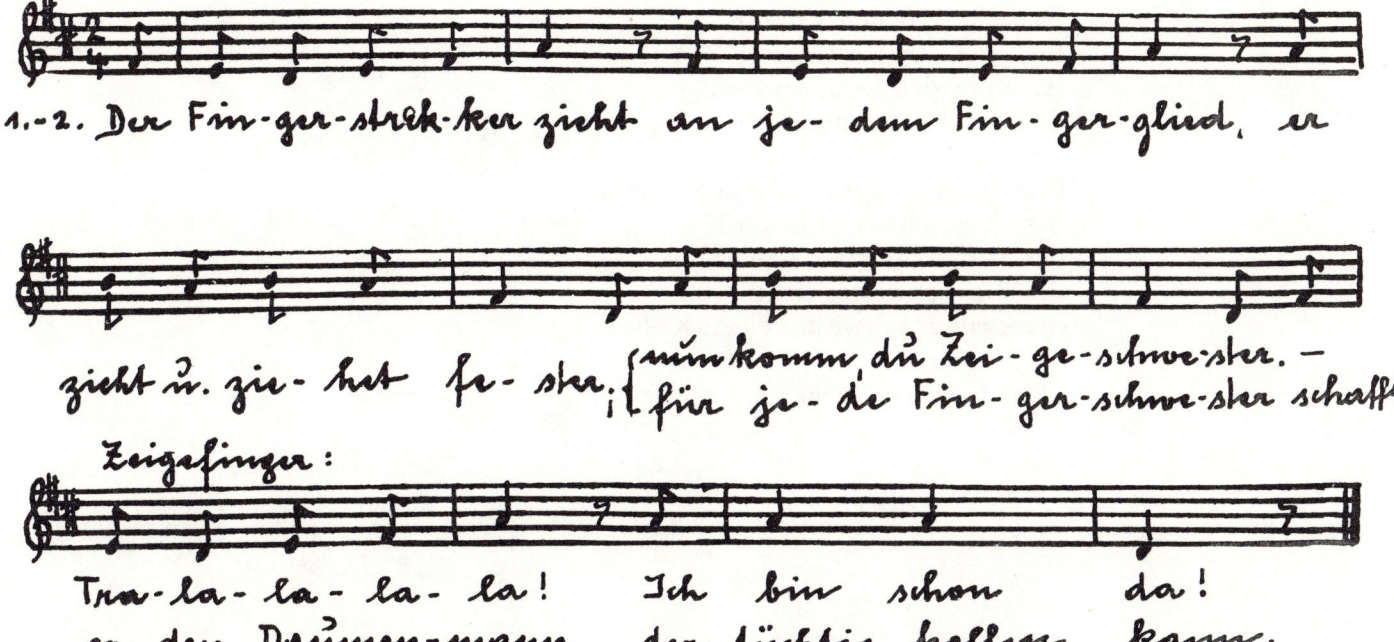

1.–2. Der Fin-ger-strek-ker zieht an je-dem Fin-ger-glied, er

zieht u. zie-het fe-ster, nun komm du Zei-ge-schwe-ster. —
für je-de Fin-ger-schwe-ster schafft

Zeigefinger:

Tra-la-la-la-la! Ich bin schon da!
er der Daumen-mann, der tüchtig helfen kann.

23

(Der Fingerstrecker zieht am Daumen)

Der Fingerstrecker zieht
an jedem Fingerglied.
Er zieht und ziehet fester.
Für jede Fingerschwester
schafft er den Daumenmann,
der tüchtig helfen kann.

Der Daumenbruder gibt zum Schluß
der Zeigeschwester einen Kuß,
der Mittelschwester einen Kuß,
der Ringschwester einen Kuß,
der kleinen Schwester einen Kuß.

Danke, danke, lieber Fingerstrecker.

Ich bin so klein

Wutz *(Der kleine Finger)* : Ich bin so klein, ich möcht' gerne größer sein. Bruder Goldner, sag mir, was ich tun soll?

Ringfinger: Mach's wie die Kuh. Iß Gras und Heu, dann wirst du groß.

Der kleine Wutz ißt Gras und Heu, ist aber nicht größer geworden, hat nur Bauchweh gekriegt.

Wutz: Bruder Langer, was soll ich tun, damit ich größer werde?

Mittelfinger: Mach's wie der Löwe, der ißt viel Fleisch, drum ist er so groß und stark.

Der kleine Wutz ißt viel Fleisch, ist aber doch nicht größer geworden.

Wutz: Bruder Deuterling, was soll ich tun, daß ich größer werde?

Zeigefinger: Mach's wie der Adler, der fliegt immer im Sonnenlicht. Darum ist er so groß.

Der kleine Wutz war viel in der Sonne und ist braun geworden, aber nicht größer.

Wutz: Liebe Mutti, sag, was muß ich tun, damit ich größer werde?

Daumen: Warum willst du größer sein?

Wutz: Damit ich weiter ausschauen kann.

Daumen: Wenn du auf einen Baum steigst, siehst du weiter als die größten Leute. Wer gescheit und pfiffig ist, braucht nicht groß zu sein.

Da war der kleine Wutz zufrieden, und wenn er weit ins Land schauen wollte, stieg er auf einen Baum und besah sich die Welt. *(Die linke Hand bildet den Baum.)*

Daumenbruder, laß uns reiten

Alle vier: Daumenbruder, laß uns reiten,
du bist so stark.

Daumen: Nein, ich mag nicht. Ich werf' euch herunter.

Zeigefinger: Ich sitz' vorne. Ich lenke dich.

Daumen: Nein, ich mag nicht.

Mittelfinger: Ich sitz' dahinter. Ich knall' mit der Peitsche.

Daumen: Nein, ich mag nicht.

Ringfinger: Ich bin der König mit der Krone. Ich schenk dir einen Schilling.

Daumen: Nein, ich mag nicht.

Kleiner: Ich sitze ganz hinten. Ich sing' ein lustiges Lied.

Daumen: Ja, das mag ich.

Alle: Hopp, hopp, hopp –
Pferdchen, lauf Galopp,
über Stock und über Steine,
aber brich dir nicht die Beine,
hopp, hopp, hopp, hopp, hopp –
Pferdchen lauf Galopp.

Ein großer Bruder hat vier Schwestern

Die Zeigeschwester,
die Mittelschwester,
die Ringschwester,
die kleine Schwester.

Die Zeigeschwester
ist die Schweigeschwester.
Sie zeigt das Schweigen auf dem Mund.
Da wird der Plappermund gesund.

Die Mittelschwester
ist die Rüttelschwester.
Sie rüttelt am Morgen die Schwestern wach
und sagt zu jeder: Steh auf und lach!

Die Ringschwester
ist die Singschwester.
Sie singt und singt den ganzen Tag,
wenn die kleine Schwester nicht schlafen mag.

Die kleine Schwester
ist die Weineschwester.
Sie ist noch klein und weint und schreit
von früh bis spät die ganze Zeit.

Der große Bruder,
der Daumenbruder,
tanzt mit jeder Schwester:

Liebe Schwester, tanz mit mir!
Beide Hände reich' ich dir.
Einmal hin, einmal her,
rundherum, das ist nicht schwer.

Wer ist der König?

Kleiner Finger: Ich bin der König, ich bin der Gescheiteste.

Ringfinger: Ich bin der König, ich bin der Schönste.

Mittelfinger: Ich bin der König, ich bin der Längste.

Zeigefinger: Ich bin der König, ich bin der Schnellste.

Daumen: Ich bin der König, ich bin der Stärkste und kann euch alle drücken.

(Es wird eine Faust gemacht. Der Daumen drückt die Finger nieder.)

Au, au, schreien die anderen.

Der Vater   *(am Zeigefinger der anderen Hand):*

Du schlimmer Daumen, warum schlägst du schon wieder deine Brüder?

Daumen: Ich will der König sein, weil ich der Stärkste bin!

Der Vater: Ihr seid alle Könige, und du, Daumen, weil du der Stärkste bist, mußt deinen Brüdern helfen.

Von nun an hilft der Daumen jedem Bruder (er berührt jeden), und wenn ihm kalt ist, dann wärmen ihn die anderen. (Die viere umschließen ihn.)

Wer nicht arbeitet, bekommt nichts zu essen

Zeigefinger: Ich habe Körner gefunden. Wir wollen Mehl draus machen. Wer bringt sie zur Mühle?

Mittelfinger: Ich nicht, der Weg ist zu weit.

Ringfinger: Ich will nicht, es ist viel zu schlechtes Wetter heute.

Kleiner: Ich nicht, der Sack ist viel zu schwer.

Daumen: Ich helfe dir! Wir tragen den Sack zur Mühle und bringen Mehl nach Haus.

Zeigefinger: Wer knetet den Teig?

Mittelfinger: Ich nicht, ich bin zu müde.

Ringfinger: Ich nicht, da werd' ich ja voller Teig.

Kleiner: Ich nicht, ich bin viel zu schwach.

Daumen: Ich helfe dir. Wir kneten zusammen den Teig.

Zeigefinger: Wer heizt den Ofen?

Mittelfinger: Ich nicht. Ich liege und schlafe.

Ringfinger:	Ich nicht. Da könnt' ich ja rußig werden.
Kleiner:	Ich nicht. Ich kann das gar nicht. Das hab' ich noch nicht gelernt.
Daumen:	Ich helfe dir. Wir heizen zusammen den Backofen.
Zeigefinger:	Wer schiebt den Kuchen in das Rohr?
Mittelfinger, Ringfinger, Kleiner:	Ich nicht. – Ich nicht. – Ich nicht.
Daumen:	Ich helfe dir.
Zeigefinger:	Wer wird nun den Kuchen essen?
Mittelfinger, Ringfinger, Kleiner:	Ich! Ich auch! Ich auch!
Daumen:	Nein, den essen wir beide, ganz allein. Wer nicht arbeitet, soll auch nicht essen.

Was wünscht die gnädige Frau?

Daumen:

Was wünscht die gnädige Frau?
Was wünscht der Herr?

Zeigefinger:

Brauch' eine Seide blau!

Mittelfinger:

Brauch' eine Scher!

Daumen:

Schade, es tut mir leid,
kommen S' in späterer Zeit,
hab' keine Seide blau,
hab' keine Scher!

Daumen:

Was wünscht das Mädchen?
Was wünscht die Dirn?

Ringfinger:

Brauche ein Fädchen!

Kleiner Finger:

Brauch' einen Zwirn!

Daumen:

Schade, es tut mir leid,
kommt doch in späterer Zeit,
habe kein Fädchen,
hab' keinen Zwirn!

Die fahren übern See

(Die linke Hand bildet das Schifflein.)

Alle:

Die fahren übern See,
singen tulie, juchhe.

Zeigefinger:

Der möcht' ins Wasser g'langen,
Goldfischerl wollt' er fangen.

Mittelfinger:

Der stellt sich an so dumm,
schlägt gleich das Schifferl um.

Ringfinger:

Der schreit vor Angst und Not:
Helft uns, sonst sind wir tot!

Kleiner Finger:

Der, als er 's Wasser spürt,
hat sich gleich nimmer g'rührt.

Daumen:

Der ist ein starker Mann,
der auch schon schwimmen kann,
brav ist er, glaubt es mir,
rettet die vier.

Die fahren übern See

Alle:

Die fah-ren ü-bern See, sie sin-gen tu-li-je, juch-he!

Zeigefinger:

Der möcht' ins Was-ser lan-gen, Gold-fi-scherl wollt er fan-gen.

Mittelfinger:

Der stellt sich an so dumm, schlägt gleich das Schif-ferl um.

Ringfinger:

Der schreit vor Angst und Not: Helft uns, sonst sind wir tot.

Kleiner Finger:

Der, als er's Was-ser spürt, hat sich gleich im-mer g'rührt.

Daumen:

Der ist ein star-ker Mann, der auch schon schwim-men kann.

Brav ist er, glaubt es mir, ret-tet die vier.

Ich bin ein goldner Strahl

Daumen:

Ich bin ein goldner Strahl
und komm vom Sonnenball;
mit meinen Brüdern glühe
ich in der Morgenfrühe.

Zeigefinger:

Ich laß' die Glocken klingen.

Mittelfinger:

Ich laß' die Rose erblühn.

Ringfinger:

Ich locke die Amsel zum Singen
am Birkenbäumchen grün.

Kleiner:

Ich will nicht ruhn.
Was soll ich tun?

Daumen:

Du Kleiner,
ganz Feiner,
du machst beim Erwachen
den Andreas* lachen.

Daumen:

Die Sonne untergeht.
Es wandern abends spät
zur Sonnenmutter wieder
die lieben Strahlenbrüder.

36

Zeigefinger:	Ich mach' die Glocken schweigen.
Mittelfinger:	Ich mach' die Rose zu.
Ringfinger:	Ich will der Amsel zeigen ein Plätzchen für die Ruh.
Kleiner:	Was darf ich tun? Muß ich schon ruhn?
Daumen:	Du Kleiner, ganz Feiner, du streichst dem Andreas* die Wimpern glatt, daß er ein goldnes Träumchen hat.

(Hier nimmt man den Namen des betreffenden Kindes.)

Ich will, daß du spazieren gehst

Mutter
(Daumen zum Zeigefinger) : Ich will, daß du spazieren gehst
mit deiner kleinen Schwester.
Sie darf noch nicht alleine gehn,
es muß ein andrer bei ihr stehn.
Du sollst jetzt gehn, mein Bester!

Zeigefinger: Ich mag nicht, weil sie immer schreit.

Mittelfinger: Ich kann nicht, ich hab Schularbeit.

Ringfinger: Ich will es tun fürs goldne Kind,
mich freut's, wenn wir beisammen sind.

(Ringfinger und kleiner Finger spazieren miteinander fort.)

Ich will, daß du spazieren gehst

Mutter: (Daumen zum Zeigefinger)

Ich will, daß du spa-zie-ren gehst mit dei-ner klei-nen Schwe-ster, sie

darf noch nicht al-lei-ne gehn, es muß ein an-drer bei ihr stehn, du

Zeigefinger:

sollst jetzt gehn, mein Be-ster. Ich mag nicht, weil sie im-mer schreit.

Mittelfinger: Ringfinger:

Ich kann nicht, ich hab Schularbeit. Ich will es tun für's gold-ne Kind, mich

freut's, wenn wir bei-sam-men sind.

39

Die Geschichte vom bösen Herrn Fuchs

Mutter *(Daumen)*:	Kinder, geht zum Kaufmann und holt mir zwei Kilo Kuchenmehl. Lauft aber nicht durch den Wald. Dort wohnt der böse Herr Fuchs.
Vier Kinder:	Nein, nein, wir laufen nicht durch den Wald.
	(Jedes gibt der Mutter einen Kuß, das Püppchen der Mutter wird vom Daumen abgenommen.)
Der Lange *(Mittelfinger)*:	Wir laufen *doch* durch den Wald.
Die anderen:	Ja, ja, wir laufen.
Deuterling *(Zeigefinger)*:	Da ist ein finsteres Loch.
	(Mit der linken Hand wird ein Loch gebildet. Um den linken Zeigefinger hat man ein Pelzrestchen gewickelt. Das sei der Fuchs.)
Der Kleine:	Das ist bestimmt das Fuchsenhaus.
Goldener *(Ringfinger)*:	Wir singen ihm ein Lied. Der soll sich ärgern.
Alle:	Fuchs, du hast die Gans gestohlen, gib sie wieder her...
Goldener:	Der ist gewiß nicht zu Hause. Du kleiner Wutz, schau einmal hinein.
	(Der Kleine kommt nicht wieder zum Vorschein, das Püppchen bleibt in der hohlen Hand.)
Die anderen:	Herr Fuchs, Herr Fuchs, geben Sie unseren Bruder wieder her!
Der Lange:	Ich werde ihm's zeigen, ich schlüpfe beim Loch hinein. *(Er kommt nicht mehr heraus.)*
Der Goldene und der Deuterling:	Herr Fuchs, Herr Fuchs, geben Sie unsere Brüder wieder her!
Der Deuterling:	Ich werde ihn hauen. Ich schlüpfe beim Loch hinein. *(Er kommt nimmer heraus.)*

Der Goldene:	Herr Fuchs, Herr Fuchs, geben Sie meine Brüder wieder her!
	(Der Fuchs kommt beim Loch heraus, schnappt ihn und sperrt ihn zu den übrigen Brüdern ins finstere Loch. Die rechte Hand ist jetzt leer. – Man steckt die Mutter auf den rechten Daumen und den Jäger auf den rechten Zeigefinger.)
Mutter *(sitzt daheim und weint)* :	Wo sind meine Kinder?
	Ich gehe zum Herrn Jäger. – –
	Bitte, bitte, Herr Jäger, helfen Sie mir meine vier Buben suchen. Die hat bestimmt der Fuchs geholt.
Jäger:	Ich nehme mein Schießgewehr. Den Fuchs, den werde ich gleich haben.
Mutter:	Dort ist das Fuchsloch. Ich höre weinen. Da drinnen sind meine Kinder.
Jäger:	Verstecken Sie sich hinter dem Baum und tun Sie wie eine Gans.
Fuchs:	Draußen ist ja eine Gans, und ich habe Hunger. Die will ich mir holen.
Jäger:	Piff, paff, puff. Der Fuchs ist tot.
	(Der Jäger kommt auf den linken Zeigefinger.)
Die Kinder:	*(Kommen heraus, werden wieder aufgesteckt, und jedes gibt der Mutter einen Kuß.)*
	Danke Herr Jäger.
Dann singen sie:	Fuchs, du hast die Gans gestohlen,
	gib sie wieder her,
	sonst wird dich der Jäger holen
	mit dem Schießgewehr.

Der Heilestern

Ein anderes Mal sagte die Mutter zu den vier Buben:
«Jetzt dürft ihr spielen gehen, steigt aber ja nicht auf die hohe Tanne.»
Natürlich können sie nicht folgen und steigen auf die hohe Tanne.
«Ich bin schon oben!» ruft der kleine Wutz.
«Ich bin am höchsten!» Kaum hat er's gesagt, liegt er schon unten und schreit.
«Hast du dir weh getan?» fragt der Lange.
«Ja, mein Kopf ist zerbrochen.»
«Wo tut es denn weh?» fragt der Flinke.
«Bei den Füßen. Die Füße sind gebrochen.»
«Wo tut es noch weh?» fragt der Schöne.
«Bei den Armen. Die Arme sind gebrochen.»
«Au, au, trag mich zur Mutter heim.»
Ach, wie war die Mutter erschrocken. Sie legt ihn ins Bettlein und streichelt ihn.
«Au weh», jammert der Kleine.
Da sieht die Mutter den Heilestern vorübergehen und ruft dem Stern.

>Steh, Sternlein, steh!
>Dem Kinde tut was weh!
>Nimm das Weh in deine Hand.
>Trag es über Meer und Land,
>trag es über Tag und Nacht,
>daß das Kindlein wieder lacht.

Aber der Heilestern bleibt nicht stehen. Er dreht sich in großen Kreisen am Himmel.

(Der Stern sitzt auf dem Zeigefinger der linken Hand.)

Da rufen die drei anderen Buben. Einer nach dem anderen.

Zuerst der Lange: Steh, Sternlein, steh!
Dem Kinde tut was weh!
Nimm das Weh in deine Hand.
Trag es über Meer und Land,
trag es über Tag und Nacht,
daß das Kindlein wieder lacht.

Aber der Heilestern bleibt nicht stehen. Dann ruft der Flinke:

Steh, Sternlein, steh!
Dem Kinde tut was weh!
Nimm das Weh in deine Hand.
Trag es über Meer und Land,
trag es über Tag und Nacht,
daß das Kindlein wieder lacht.

Aber der Heilestern bleibt nicht stehen. Dann ruft der Schöne:

Steh, Sternlein, steh!
Dem Kinde tut was weh!
Nimm das Weh in deine Hand.
Trag es über Meer und Land,
trag es über Tag und Nacht,
daß das Kindlein wieder lacht.

Zuletzt ruft die Mutter mit allen Buben zusammen, sogar der kleine Wutz spricht ganze leise mit:

> Steh, Sternlein, steh!
> Dem Kinde tut was weh!
> Nimm das Weh in deine Hand.
> Trag es über Meer und Land,
> trag es über Tag und Nacht,
> daß das Kindlein wieder lacht.
>
> Der Heilestern bleibt stehen,
> er höret auf zu drehen.
> Er nimmt das Weh in seine Hand,
> er trägt es über Meer und Land,
> er trägt es über Tag und Nacht,
> damit der Wutzi wieder lacht.

Da lacht der Wutzi und ist wieder gesund.

Wo geht der Weg?

Alle:
    Wo geht der Weg?
Wo ist der Steg?

(Die linke Hand bildet die Brücke.)

Zeigefinger:
    Der Weg ist da!

Daumen:
    Ich nicke ja
mit meinem Kopf.
Er weiß den Weg.
Er ist kein Tropf.

Alle:
    Wir laufen nach!
Hurra und Krach!
Wir liegen im Bach.
O weh und ach!

Mittelfinger:
    Nun ist die Brücke
zerbrochen in Stücke.

Ringfinger:
    Mir ist um mein Kleid,
um mein schönes, so leid.

Kleiner:
    Und ich bin so naß.
Das ist doch kein Spaß.

Daumen:	Ihr müßt nicht weinen wie die Kinder, die kleinen.
Daumen und Zeigefinger:	Wir flicken die Brücke. Sie ist schon gemacht.
Zeigefinger:	Ganz leise und sacht. So müssen wir schreiten. Ich will euch leiten. Ganz leise und sacht, daß das Brücklein nicht kracht.

Du dicker Mann, steh auf und lauf!

Alle: Du dicker Mann, steh auf und lauf!

Daumen: Ich bin ein dicker Mann,
ich zeig euch, was ich kann.
Ich kann tanzen, ich kann springen,
kann ein lustig's Liedel singen.
Trallala, trallala.

(Dasselbe mit den anderen Fingern.)

Alle: Du schneller Mann, steh auf und lauf!

Zeigefinger: Ich bin ein schneller Mann,

Alle: Du langer Mann, steh auf und lauf!

Mittelfinger: Ich bin ein langer Mann,

Alle: Du schöner Mann, steh auf und lauf!

Ringfinger: Ich bin ein schöner Mann,

Alle: Du kleiner Mann, steh auf und lauf!

Kleiner Finger: Ich bin ein kleiner Mann.

Der Morgenhauch

Der Morgenhauch, der Morgenhauch,
der hat am lieben Fingerstrauch
die Fingerblume aufgeweckt,
drin war ein Fingerkind versteckt.
Blütenblatt, mach auf!
Fingerlein, wach auf!

Der Abendhauch, der Abendhauch,
der hat am lieben Fingerstrauch
die Fingerblume zugemacht,
da schläft das Kindlein in der Nacht.
Blütenblatt, deck's zu!
Kindlein, geh zur Ruh!

Beide Händeballen und die eingerollten Finger aneinanderlegen. An der rechten Hand sitzen die Fingerpüppchen. Bei «Morgenhauch» hauchen wir warm durch die Fäustchen, bei «Abendhauch» wird kühlend geblasen. Die erste Strophe wird fünfmal gesungen, und jedesmal wacht eins der Fingerkinder auf, gleichzeitig geht auch derselbe linke Finger hoch. Dann wird fünfmal die zweite Strophe gesungen, wobei sich je zwei Finger schließen, bis beide Hände wieder aneinandergedrückt und geballt sind.

Der Morgenhauch

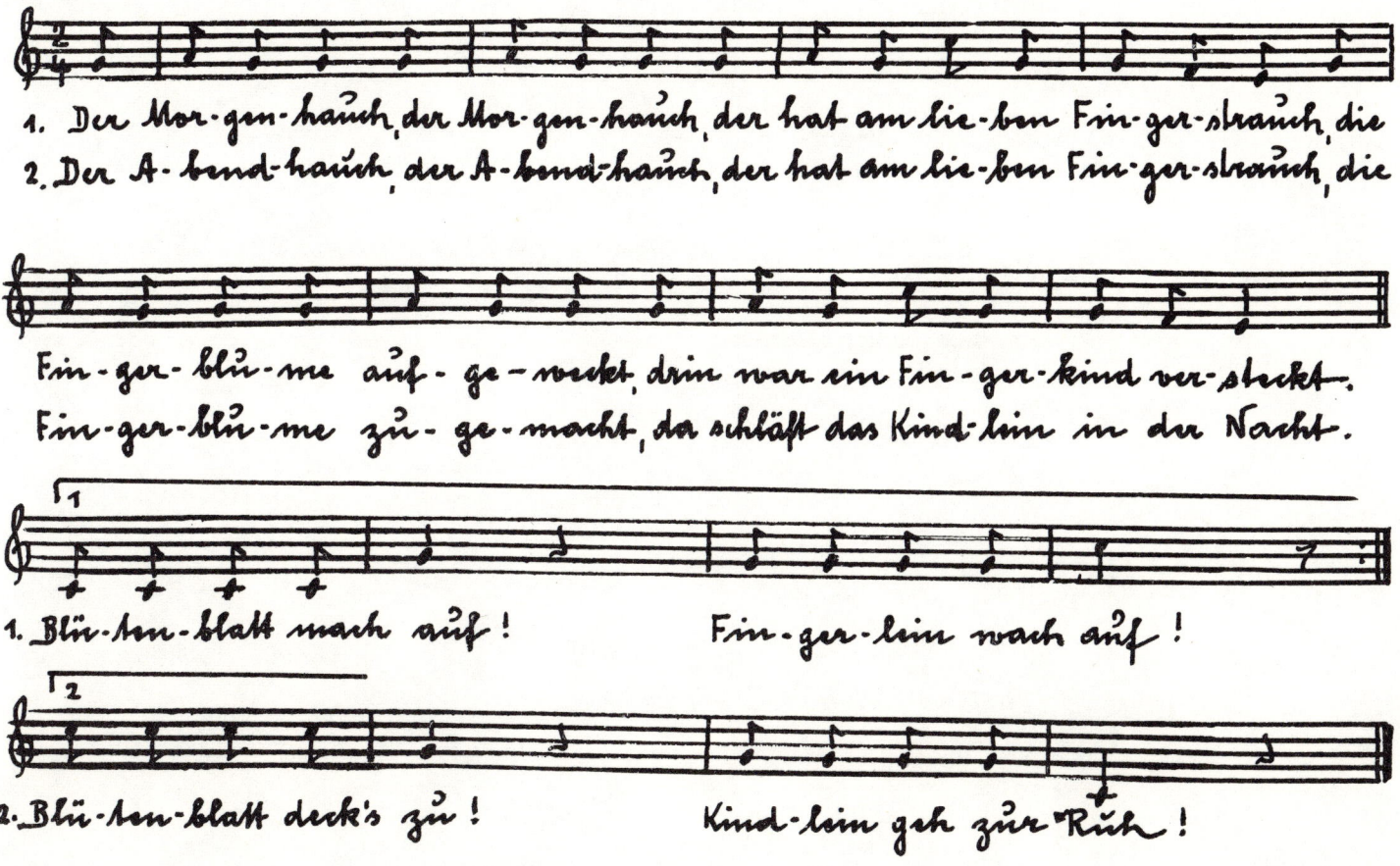

1. Der Mor-gen-hauch, der Mor-gen-hauch, der hat am lie-ben Fin-ger-strauch, die

2. Der A-bend-hauch, der A-bend-hauch, der hat am lie-ben Fin-ger-strauch, die

Fin-ger-blü-me auf-ge-weckt, drin war ein Fin-ger-kind ver-steckt.

Fin-ger-blü-me zu-ge-macht, da schläft das Kind-lein in der Nacht.

1. Blü-ten-blatt mach auf! Fin-ger-lein wach auf!

2. Blü-ten-blatt deck's zu! Kind-lein geh zur Ruh!

Bummeliger Brummer

Vier Finger: Bummeliger Brummer,
                              Daumen, dicker, dummer,
                              bist du da?

Daumen: Ich bin da!

Daumen: Liederliche Finger,
                              tapperige Dinger,
                              seid ihr da?

Vier Finger: Wir sind da!

Alle: Dummer, dicker Daumen,
                              tapperige Dinger,
                              trallala,
                              sind schon da.

Brummeliger Brummer

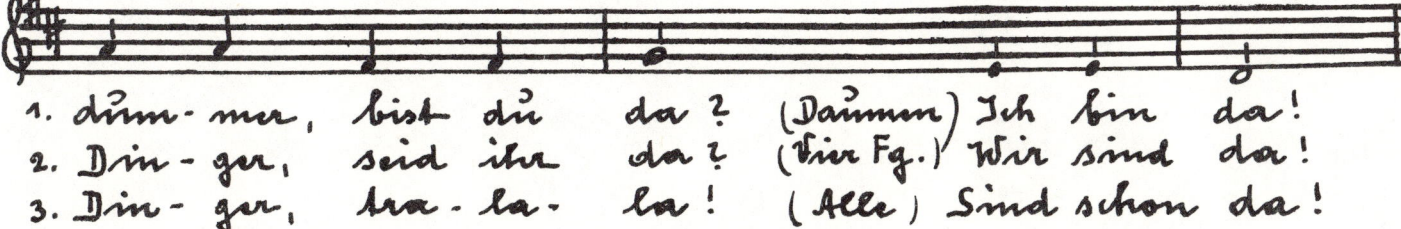

Vier Finger: 1. Brum-me-li - ger Brum - mer, Dau-men, dik-ker,
Daumen: 2. Lie-der-li - che Fin - ger, tap-pe - ri - ge
Alle: 3. Drum-mer, dik-ker Dau - men, tap-pe- ri - ge

1. drum - mer, bist du da? (Daumen) Ich bin da!
2. Din - ger, seid ihr da? (Vier Fg.) Wir sind da!
3. Din - ger, tra-la- la! (Alle) Sind schon da!

51

Fünf Fischerl

(Der linke Zeigefinger ist der Fischer, die übrigen linken Finger sind das Netz. Sie fassen die fünf Finger der rechten Hand.)

Fischer: Fünf Fischerl gefangen,
                    im Netz drin verhangen!

Daumen: So laß uns doch los!
                    Ein Goldstück so groß
                    kannst du finden.

Zeigefinger: Vorbei bei den Linden,
                    hinterm Eck
                    das Versteck
                    bei der Bruck.

Mittelfinger: Guck!

Ringfinger: Gleich
                    bist du reich.

Fischer: Hab' *ich* heut ein Glück,
                    da liegt schon das Stück.

Fische: Wir Fischerl sind frei.

Kleiner Finger: Und ich bin dabei.

Fünf Vöglein schlafen im Nest

Fünf Vöglein schlafen im Nest
ganz fest.
Das erste erwacht,
flattert und lacht,
fliegt ein Stück,
kommt ins Nest zurück.
Das zweite erwacht,
flattert und lacht,
fliegt ein Stück,
kommt ins Nest zurück.

usf.

Alle fünf erwachen,
flattern und lachen,
fliegen vor Freude
über Wald und Heide,
fliegen im Glück
ins Nest zurück.

Fünf Vöglein schlafen im Nest
ganz fest.

Nach einem Gedicht von H. Diestel

Das ist der Bauer

Daumen:	Das ist der Bauer.
Zeigefinger:	Der geht aufs Feld.
Mittelfinger:	Der wetzt die Sense.
	(Der linke Zeigefinger ist die Sense.)
Ringfinger:	Der mäht das Korn.
Kleiner Finger:	Der ist stets vorn. Was man da tut, weiß er zu gut, heißt Zwirlibutz und ist nichts nutz.

Bei der Mutter im Stübchen

Bei der Mutter im Stübchen,
da wohnen vier Bübchen.

(Der Daumen bedeckt die vier anderen, dann kommen sie einzeln vor. Zuerst der Zeige-
finger.)

Der Theodor
guckt neugierig vor.
Der kluge Klaus
schaut oben hinaus.
Und dann kommt der Rainer,
ein goldener Feiner.
Zuletzt noch der Wutz
ist zu gar nichts nutz.
Bei der Mutter im Arm,
ja da haben sie's warm.

(Die Mutter umschließt sie wieder.)

Das ist der Bäckermeister

Daumen:

Das ist der Bäckermeister.
Max Pimpelhuber heißt er.
Ich kann euch was erzählen
von seinen vier Gesellen.

Zeigefinger:

Der macht ein feins Konfekt;
hat 's meiste selber g'schleckt.

Mittelfinger:

Der ist so lang und dumm,
fällt ihm der Mehlsack um.

Ringfinger:

Torten sollt' der garnieren;
tut sich nur 's Gesicht verschmieren.

Kleiner:

Der ist noch viel zu klein,
kann nur der Lehrbub sein.

Daumen:

Jetzt kommt der Bäckersmann:
Wenn einer gar nichts kann,
ist er kein Bäckerg'sell.
Fort auf der Stell!

Das ist der Bäckermeister

Daumen:

Das ist der Bäk-ker-mei-ster, Max Pim-pel-hu-ber heißt er.

Ich kann euch was er-zähln von sei-nen vier Ge-selln.

Zeigefinger:

Der macht ein fein's Kon-fekt, hat's mei-ste sel-ber g'schleckt.

Mittelfinger:

Der ist so lang und dumm, fällt ihm der Mehl-sack um.

Ringfinger:

Tor-ten sollt der gar-niern, tut sich nur's Gsicht ver-schmiern.

Kleiner:

Der ist noch viel zu klein, kann nur der Lehr-bub sein.

Daumen:

Jetzt kommt der Bäk-kers-mann: Wenn ei-ner gar nichts kann,

ist er kein Bäk-ker-gsell. Fort, auf der Stell!

Herzblättchen, nimm mich fürs Leben

Daumen *(wendet sich zum kleinen Finger)* : Herzblättchen, nimm mich fürs Leben,
alles will ich dir geben.

Zeigefinger : Vater hat nichts dagegen.

Mittelfinger : Mutter ist sehr dafür.

Ringfinger : Bruder sagt: meinetwegen.

Daumen : Nun liegt es nur an dir.

Kleiner Finger : Morgen will ich dir's sagen,
muß mich erst selber befragen.

Da is a kloans Manderl

Da is a kloans Manderl auf der Felberstaudn g'sessen
und hat mit an Stecken ins Wasser einig'messen.
Das Wasser ist tief, und das Wasser ist kalt,
das Manderl wird naß, wann's ins Wasser einifallt.

(Auf dem Daumen sitzt eine Puppe. Der Stecken ist der Zeigefinger. Zum Schluß wird in die Hände geklatscht, so daß die Puppe herabfällt. – Die Felberstaude ist die Weide.)

Då is a kloans Manderl

Auf Landlerisch

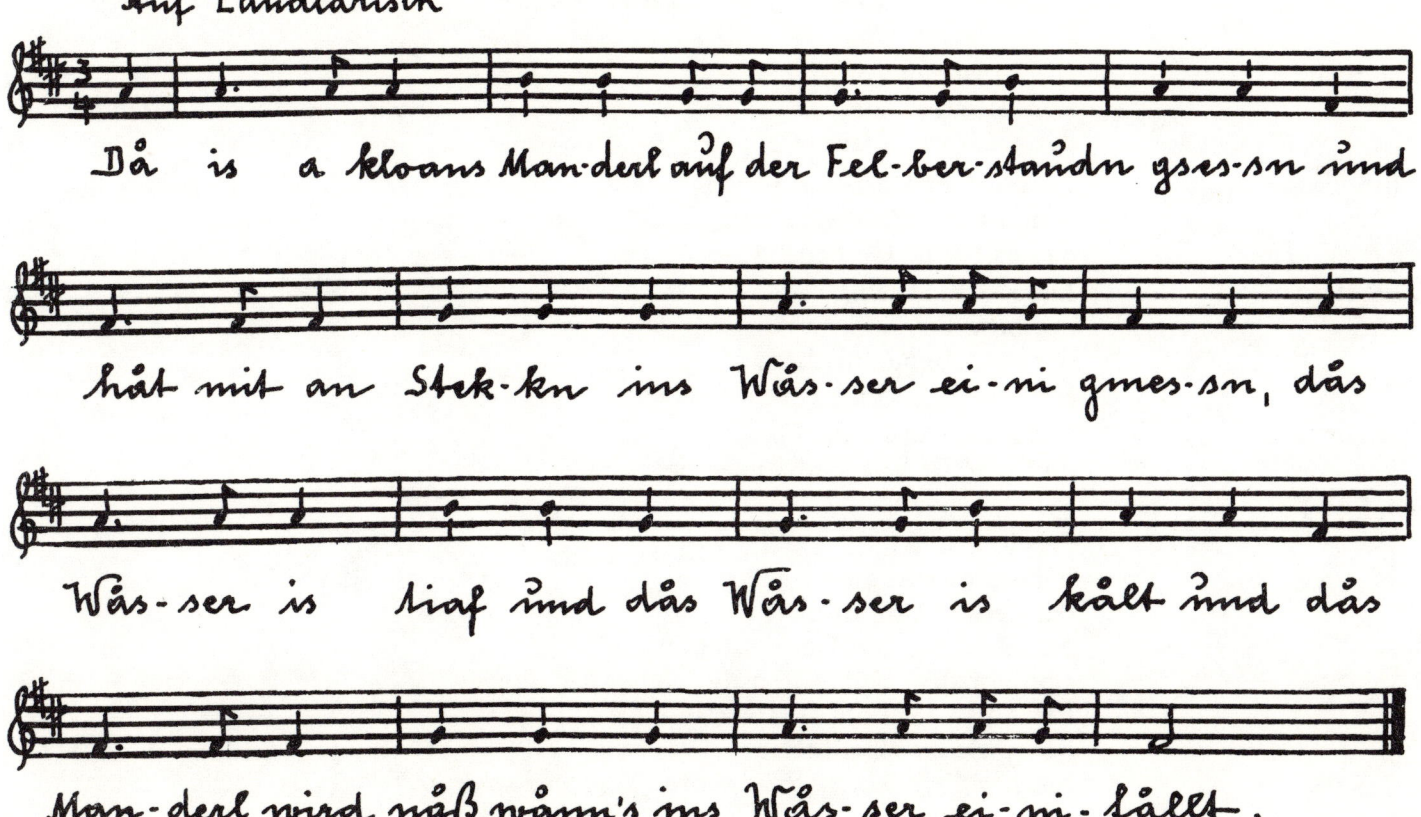

Då is a kloans Man-derl auf der Fel-ber-staudn gses-sn und

håt mit an Stek-kn ins Wås-ser ei-ni gmes-sn, dås

Wås-ser is tiaf und dås Wås-ser is kålt und dås

Man-derl wird nåß wånn's ins Wås-ser ei-ni fållt.

Ein Musikant vom Böhmerland

Der Musikant wird vom rechten Daumen gespielt. Die Linke bildet mit Daumen und Zeigefinger das Fenster. Der Musikant befindet sich vor dem Fenster, die übrigen vier Darsteller dahinter.

Daumen:
Ein Musikant
vom Böhmerland,
der spielt die Klarinette.

Mittelfinger:
Da sagt der Herr: ich wette,
vor unserm Küchenfenster,
da heulen die Gespenster.

Zeigefinger:
Die Köchin meint,
der böse Feind,
der sei hereingebrochen.
Sie braucht nicht mehr zu kochen.

Ringfinger:
Die Frau hält zu die Ohren
und schreit: Wir sind verloren!

Kleiner Finger:
Da sagt der Fritz:
Das ist ein Witz,
ich muß, es ist zum Lachen,
das Fenster nur aufmachen.
Nicht Teufel und Gespenster
sind vor dem Küchenfenster.
Ein Musikant vom Böhmerland,
der spielt die Klarinette.
usf. *(So lange geht das Lied weiter, bis man es müde ist.)*

Ringelspiel kost't nicht viel

(Der rechte Daumen ist der Ringelspielmann. Er dreht sich im Kreis.)

Ringelspiel
kost't nicht viel.
Kommt ihr Kinder
viel geschwinder.
Ringel-wingel-weia.

(Nun dreht sich der rechte Zeigefinger um den rechten Daumen.)

Ringel-wingel-weia,
mir ist nicht geheuer,
windel, wandel, windelig
und ein wenig schwindelig,
kann fast nimmer stehen.
Lustig war das Drehen.

Daumen:

Ringelspiel
kost't nicht viel.
Kommt ihr Kinder
viel geschwinder.
Ringel-wingel-weia.

(Und so fort mit allen Fingern.)

Fünf kleine Zappelmänner

Fünf kleine Zappelmänner
zappeln hin und zappeln her,
zappeln kreuz und zappeln quer.

(Die linke Hand will sie fangen.)

Fängst du sie, husch, sie verstecken
sich in den dunklen, kleinen Ecken.

(Sie verstecken sich hinter dem Rücken.)

Leise, leise, sachte, sacht
kommen sie hervor in der Nacht.
Im Mondenschein hört man sie trappeln
und sieht sie da und dorthin zappeln.

Ich tauf' dich mit Wasser

Pfarrer *(Daumen)*: Ich tauf' dich mit Wasser,
ich tauf' dich mit Tau,
mit Tautröpferl-Wasser
von der himmlischen Frau.

Hat's g'regnet,
hat's g'segnet,
hat's taut
und ang'schaut.

Mutter *(Zeigefinger)*: Du weißt,
wie er heißt.

Vater *(Mittelfinger)*: Heißt er Schatz oder Matz,
heißt er Schackschaberack,
heißt er Hupf oder Tupf
oder Muckeli Puck?

Taufpate *(Ringfinger)*: Nicht Schatz und nicht Matz
und nicht Schackschaberack,
nicht Hupf und nicht Tupf,
auch nicht Muck, sondern Puck.

Pfarrer: Jetzt weißt,
wie du heißt.
Puck heißt du
immerzu!
Du hast einen Namen.

Alle: Amen.

Kaspar, Melchior, Balthasar

Kaspar (Daumen), Melchior (Zeigefinger) und Balthasar (Mittelfinger) sind ausgestreckt, die Mutter (Ringfinger) und das Kind (Kleiner Finger) sind gebeugt.

Kaspar, Melchior, Balthasar
bringen euch das neue Jahr.
Ihre Köpfe hoch erhoben,
gucken sie zum Stern da oben.

(Der Stern sitzt auf dem linken Zeigefinger.)

Jeder seinen Kopf verneigt *(beugen sich)*,
weil der Goldstern abwärts zeigt.
Sehen, weil gebeugt sie sind,
da die Mutter und das Kind.

(Die Mutter und das Kind heben sich, die Könige bleiben gebeugt.)

Wie heißt denn du?

Der Zeigefinger der Linken fragt, wie die fünf der Rechten heißen:

Wie heißt denn du?

Daumen:
Ich heiße Dulledall,
rund wie ein Gummiball.

Wie heißt denn du?

Zeigefinger:
Ich heiße Witzelspitz,
bin manchmal doch was nütz.

Wie heißt denn du?

Mittelfinger:
Ich heiße Labelang,
mir ist oft angst und bang.

Wie heißt denn du?

Ringfinger:
Ich heiße Wullebold,
hätt ich nur recht viel Gold.

Wie heißt denn du?

Kleiner:
Ich heiße Muckemuck,
pfiffig und gar so klug.

(Jeder verbeugt sich.)

Daumen:	Dulledall
	Gummiball.
Zeigefinger:	Witzelspitz
	doch was nütz.
Mittelfinger:	Labelang
	angst und bang.
Ringfinger:	Wullebold
	recht viel Gold.
Kleiner:	Muckemuck
	gar so klug.

Dickerle Dapperich

Zeigefinger
(zum Daumen):   Dickerle Dapperich!
Nimm mich, ich bitte dich,
heirat doch mich.

Daumen: Du bist so zappelig,
dich nehm ich nicht.

Mittelfinger
(zum Daumen):   Dickerle Dapperich!
Nimm mich, ich bitte dich,
heirat doch mich.

Daumen: Lang bist du fürchterlich,
dich nehm ich nicht.

Ringfinger
(zum Daumen):   Dickerle Dapperich!
Nimm mich, ich bitte dich,
heirat doch mich.

Daumen: Du bist so liederlich,
dich nehm ich nicht.

Kleiner *(zum Daumen):*   Dickerle Dapperich!
Nimm mich, ich bitte dich,
heirat doch mich.

Daumen: Du bist so lieb und fein,
                 du sollst mein Weibchen sein,
                 du bist nicht zappelig,
                 fürchterlich, liederlich,
                 du bist für mich.

Die Himbeermännchen

Das erste Himbeermännchen
steigt ins Himbeerkännchen
und trinkt und trinkt und trinkt;
kommt wieder heraus.
Die Geschichte ist noch nicht aus.

Das zweite, usw.

Das fünfte Himbeermännchen
steigt ins Himbeerkännchen
und trinkt und trinkt und trinkt;
kommt nimmer heraus.
Die Geschichte ist aus.

Das Himbeerkännchen ist die linke Hand, in deren Höhlung die Männchen hineinsteigen.
Das letzte bleibt drinnen gefangen.

(Altbekannt)

Der ist ins Wasser gefallen

Der ist ins Wasser gefallen,
der hat ihn herausgezogen,
der hat ihn heimgetragen,
und der hat ihn ins Bett gelegt.
Und der kleine Wutzi-Wutzi
hat ihn wieder aufgeweckt.

(Altbekannt)

Das ist der Daumen

Das ist der Daumen,
der schüttelt die Pflaumen,
der hebt sie auf,
der trägt sie nach Haus,
und der kleine Wutzi-Wutzi
ißt sie alle auf.

(Altbekannt)

Kleines Fingerl, Goldringerl

Kleines Fingerl
Goldringerl
Langkragen
Leckermaul
Dicker Paul

(Altbekannt)

Daumen, neig dich

Daumen, neig dich,
Zeiger, streck dich,
Mittler, drück dich,
Goldner, heb dich,
Kleiner, duck dich, ja duck dich.

(Altbekannt)

Himpelchen und Pimpelchen

Himpelchen und Pimpelchen
stiegen auf den Berg.
Himpelchen war ein Heinzelmann,
Pimpelchen ein Zwerg.

Sie blieben lange oben sitzen
und wackelten mit den Zipfelmützen.

Doch nach zweiundsiebzig Wochen
sind sie in den Berg gekrochen,
da schlafen sie in guter Ruh.
Seid stille nun und höret zu:
Ch – ch – ch. *(Sie schnarchen.)*

Auf beiden Daumen sitzen Püppchen. Beide Fäuste aneinandergedrückt bilden den Berg.

Fünf Englein haben gesungen

Fünf Englein haben gesungen.
Fünf Englein kommen gesprungen.

Zeigefinger: Das erste bläst das Feuer an.

Mittelfinger: Das zweite stellt die Pfanne dran.

Ringfinger: Das dritte schüttet die Suppe hinein.

Kleiner Finger: Das vierte tut noch Zucker drein.

Daumen: Das fünfte sagt: «'s ist angericht',
iß mein Kind, verbrenn dich nicht!»

(Altbekannt)

Da ist die Wiese

Da ist die Wiese! *(Die flache linke Hand.)*

Da rennt der Has! *(Der linke Daumen bewegt sich recht lebhaft.)*

Daumen: Der hat ihn gesehen.

Zeigefinger: Der hat ihn geschossen.

Mittelfinger: Der hat ihn gebraten.

Ringfinger: Der hat gesagt: «Gib mir was!»

Kleiner Finger: Der hat gesagt: «Ich geb' dir nichts!»

Daumen: Der hat gesagt: «Ich werd' dich schon beim Schopf packen!»

(Drückt den kleinen Finger nieder.)

(Altbekannt)

Das ist der Vater

Das ist der Vater, lieb und gut.
Das ist die Mutter mit frohem Mut.
Das ist der Bruder, stark und groß.
Das ist die Schwester mit dem Püppchen auf dem Schoß.
Das ist das kleine Kindelein.
Das soll die ganze Familie sein.

(Mit dem Daumen beginnen.)

(Altbekannt)

Steigt das Büblein

Steigt das Büblein auf den Baum,
ei, so hoch, man sieht es kaum.
Schlüpft von Ast zu Ästchen
bis zum Vogelnestchen.
Hei, da lacht es,
ei, da kracht es,
plumps, da liegt es unten.

Der linke Arm ist ein Baum, die gespreizten Finger sind die Äste. Auf dem Zeigefinger der rechten Hand sitzt ein Püppchen, Daumen und Mittelfinger klettern. Dann bildet die linke Hand ein Nestchen. Zuletzt wird in beide Hände geklatscht, wobei das Püppchen herunterfällt.

(Altbekannt)

Wenn's regnet

Daumen:	Der sagt: «Wenn's regnet, da werde ich naß.»
Zeigefinger:	Der sagt: «Wenn's regnet, das ist kein Spaß.»
Mittelfinger:	Der sagt: «Wenn's regnet, da bleib' ich zu Haus.»
Ringfinger:	Der sagt: «Wenn's regnet, da geh ich nicht aus.»
Kleiner Finger:	Der sagt: «Wenn's regnet, kann ich nicht auf die Sonne warten. Ich geh' unterm Regenschirm in den Kindergarten.»

(Linke Hand bildet den Regenschirm.)

(Altbekannt)

5 Geschichten von 5 Zehen

Die *erste* Geschichte,
die von der großen Zehe, der sogenannten *Platschzehe,* handelt.

Platsch und Plitsch, was spritzt herum?
Ist ein Krokodil so dumm?
Platsch und Plitsch im grünen Nil,
nein, das ist kein Krokodil,
sondern ist die Platschezeh,
der tut, ach, der Bauch so weh.

Spekuliert mit ihrem Bauch –
ist bei Zehen so der Brauch –
denkt: Wir Zehen sind verbunden,
haben schließlich uns gefunden.

Doch wie sind wir hergekommen?
Sind wir übers Meer geschwommen,
wie die Fischlein übers Meer?
Und sie grübelt hin und her,
denn sie wüßt es gar zu gerne.
Sind entsprungen wir dem Sterne?
Sind entwachsen wir dem Baume,
einer Feige oder Pflaume?

Und hat lange nachgedacht.
Weiß am Morgen einer Nacht,
wie es war und was geschehen
mit den lieben, kleinen Zehen.

Die *zweite* Geschichte,
die von der *Trippelzehe* erzählt. Sie ist die Cousine des Zeigefingers.

Wer trippelt auf der Treppe?
Wer schleift die lange Schleppe?
Wer zieht mit Seufzern durch das Haus
und sieht so müd und elend aus?

Die Trippelzehe zeigt dir an,
was niemand andrer zeigen kann.
Sie zeigt im Dunkeln stumm herum,
die Trippelzehe ist nicht dumm.

Sie hat den Lebensstern entdeckt,
der war von Blüten ganz verdeckt,
von großen Sonnenblumenblüten.

Sie hüten einen Lebetag,
so lang das Leben dauern mag,
ein Leben lang den Lebensstern.
Ich weiß gar wohl, du sähst ihn gern.

Die Sonne hat ihn dir verdeckt,
weil dich der Stern sonst sehr erschreckt.

Das Trippelzehlein, wißt ihr Kinder,
das schaute flink einmal dahinter
und sah, denkt nur, sein ganzes Leben.
O welcher Jammer war das eben!

O hätt' es das nur nicht getan!
Weil's seither nichts mehr sagen kann,
ist seither taub und seither stumm
und geht im Hause rundherum.
Die Tripp, die Tripp, die Tripp.

Die *dritte* Geschichte,
die von der Trappelzehe erzählt. Sie ist die Cousine des Mittelfingers.

Das Trappelzehlein war als Kind
noch ganz gesund und gar nicht blind.
Es schaute sich am Himmel an
den Löwen, Stier und Wassermann,
den Skorpion mit seinem Schweif,
die Jungfrau und den Vogel Greif,
ging zwischen Sternen hin und her.

Ein Walfisch lag da groß und schwer,
aus hellem weißem Elfenbein,
ganz kreidebleich im Mondenschein.
Der Walfisch aber war nicht faul,
nahm 's Trappelzehleinkind ins Maul,
ins Maul das arme Zehenkind
und schwamm mit ihm davon geschwind
und spuckt im Schwarzen Meer es aus.
Dort aber war es nicht zu Haus.

Die Tintenfische schauen stumm
und schütten Tintenfässer um.
Viel schwärzer wird's im Schwarzen Meer,
das Trappelzehlein sieht nichts mehr
und weint sich aus das Augenlicht,
verliert die Augen im Gesicht.

Das Trappelzehlein, liebes Kind,
das Trappelzehlein, das ist blind.

Die *vierte* Geschichte,
die von der Dattelzehe erzählt. Sie ist die Cousine des Ringfingers.

Es war einmal geschehen:
die süßeste der Zehen
hing an dem Dattelzehenbaum
und träumte grad den Datteltraum.

Da weht im Zehenbaum der Wind,
ein widerwärtig, wildes Kind.
Der Wind blies in den Dattelbaum.
Das Dattelzehlein merkt es kaum,
der Datteltraum, der schmeckt so süß,
nach Mondenschein und Paradies.

Doch Sausewind, der pfeift noch mehr,
von Ost und West und Norden her.
Nach Süden hüpft er her und hin
und faucht: weil ich der Windbub bin,
so blas' ich dich vom Baum herunter!
Du Traumgesicht, werd endlich munter!

Es weht der wilde Wind, o je,
sein Wehen bringt den Zehen Weh.
Da war's um sie geschehen.
Die süßeste der Zehen.
Fiel halb im Traume auf den Grund
und wurde davon furchtbar wund.
Sie brach sich alles, Hals und Bein
und war in aller Welt allein.

Die *fünfte* Geschichte,
von der kleinen, der sogenannten Haselzehe.

Im Haselland der Haselbach,
der murmelte im Traum und sprach:
Ach, es ist bitter und verdrießt,
wenn man allein und einsam fließt.

Am Ufer stand der Haselstrauch,
ein Haderlump, ein arger Gauch,
ein Schelm, ein Gauner oder Dieb:
Du, Haselbächlein, sei so lieb
und reiche mir doch deine Hand,
ich reise mit durchs Haselland.
So reiche mir doch deinen Fuß,
weil ich sonst stehenbleiben muß.

Der Haselbach,
so nach und nach,
er lieh ihm seinen linken Fuß.

Der Hasel-Strauch-Dieb aber sprang
schier ohne Gruß und ohne Dank
mit einem Sprung das Tal entlang
und sprang herum ganz kreuz und quer.
Das kränkt den Haselbach so sehr.
Er lag ganz starr in seinem Bette.
O helft, o rennt, daß man ihn rette.

Doch Gott sei Dank, die Haselmaus,
die war gerade noch zu Haus,
als man die böse Nachricht brachte,
jedoch die Haselmaus – sie lachte.
Sie schaute schlau rundum und um
und ringelte das Schwänzchen krumm.

Der Haselstrauch,
der arge Gauch,
er sprang umher
so kreuz und quer.

Da biß die schlaue Haselmaus
ihm rasch die Haselzehe aus.
Der Haselstrauch, ach, wie der schrie,
so schrie ein Haselstrauch noch nie.
Da gab er schnell den Fuß zurück,
es fehlte nur daran ein Stück.

Das Stück, das war das Zehenkind,
das schwamm im Bach davon geschwind
und landete am Donaustrand
und zappelte im nassen Sand,
bis eine weise Frau es fand,
es in ein rotes Schnupftuch band.

Im Schnupftuch war es nicht allein,
es fühlte sich fast wie daheim.
Da liegen ja vier andre Zehen.
Was ist denn nur mit euch geschehen?
So fanden sich die fünf Geschwister.
Das war ein freudiges Geflüster,
ein Lispeln, Zischeln und ein Tuscheln,
ein Küssen und Zusammenkuscheln.
Sie wollen nimmermehr sich trennen.

Ich will sie dir noch einmal nennen:

Der Platschezeh, der tut, o je,
vom Spekuliern der Bauch so weh.

Die Trippelzehe geht herum
wie Stock so taub, wie Stein so stumm.

Die Trappelzehe, liebes Kind,
ist, wie du weißt, entsetzlich blind.

Die Dattelzehe, die ist wund,
doch Haselzehlein ist gesund.

Du trägst mein Kind sie an dem Fuß,
weil sie doch jemand tragen muß.
Dort sind seit Jahr und Tag und Stunden
die Schwestern warm und fest verbunden.

12 VERTONTE SPRÜCHE:

Weisen von Erwin Schaller

ALPHABETISCHE REIHENFOLGE DER LIEDER